U0889171

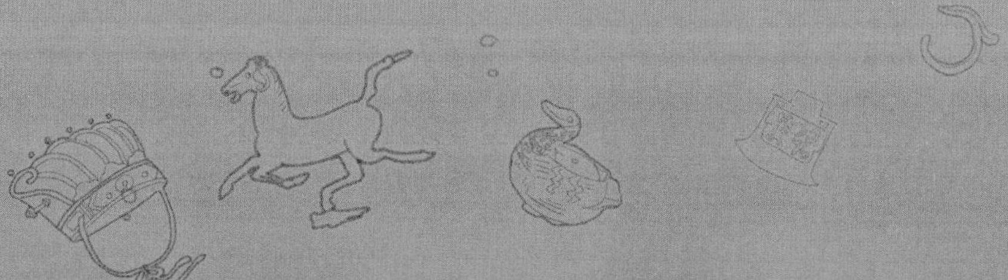

历史

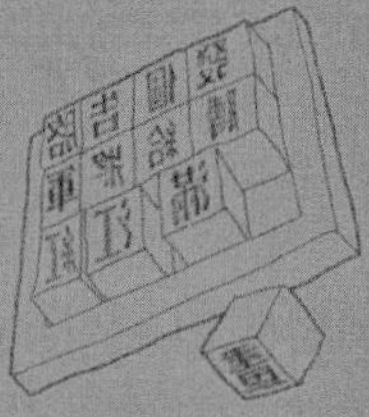

洋洋兔 编绘

泰山出版社 · 济南 ·

图书在版编目（CIP）数据

历史 / 洋洋兔编绘. -- 济南 : 泰山出版社,
2020.12
（漫游中国系列）
ISBN 978-7-80634-950-2

Ⅰ. ①历… Ⅱ. ①李… ②洋… Ⅲ. ①中国历史－儿童读物 Ⅳ. ①K209

中国版本图书馆CIP数据核字（2020）第219313号

责任编辑 池 骋
装帧设计 洋洋兔

LISHI
历史

出版发行：泰山出版社
社　　址：济南市泺源大街2号　邮编：250014
电　　话：综 合 部（0531）82023579　82022566
市场营销部（0531）82025510　82020455
网　　址：www.tscbs.com
电子信箱：tscbs@sohu.com
印　　刷：朗翔印刷（天津）有限公司
开　　本：190mm×210mm　24开
印　　张：2
字　　数：100千字
版　　次：2021年1月第1版
印　　次：2021年1月第1次印刷
标准书号：ISBN 978-7-80634-950-2
定　　价：20.00元

目录

等等我！
呼——呼——
我能亲眼看一看
秦始皇吗？
熊，出发了！

去历史长河里走一遭！

夏商与西周，东周分两段。春秋和战国，一统秦两汉。三分魏蜀吴，两晋前后延。南北朝并立，隋唐五代传。宋元明清后，王朝至此完。

小朋友，你听过这首中国历史朝代歌吗？中国五千年源远流长的历史中间历经了很多朝代。每个朝代的故事，都可以说精彩万分，也有很多问题等着我们去了解。比如，为什么说春秋时期的诸侯争霸很像“擂台赛”？唐朝是怎么把周围的“敌人”一个个都变成朋友的呢？北宋明明很有钱，却总是吃败仗，这是为什么呢？

如果想知道这些问题的答案，就与灿烂熊和阿朵朵一起，到中国的历史长河里走一遭吧！

上古——部落大联盟的时代

很久以前，没有文字记载，人们靠口口相传的神话传说来想象和认识自然，比如盘古用斧子开天辟地，女娲用黄土创造了人类。这就是上古时期。

●盘古开天

那时，人类居住在野外或者洞穴里，用石块制作简单的石器，一起生活和狩猎。后来，人类迁徙融合，形成了许多原始部落。部落的规模越来越大，彼此经常会为了争夺地盘而开战。

4000 多年前，为了争夺中原沃土，黄河流域的黄帝部落和炎帝部落联合起来，与南方的蚩尤（chī yóu）部落进行了一场决战。结果炎黄部落获胜，占据了中原。所以，我们称自己是“炎黄子孙”，“炎黄”指的就是炎帝和黄帝。

●炎帝 ●黄帝

后来，黄帝又征服了周边的许多部落，成为各部落共同的首领，被称作“共主”。部落首领必须领导大家，为部落解决各种困难。老了以后，他们会把首领的位置让给有才能的接班人。这种让位的方式，叫作禅（shàn）让制。不过这种制度最后却被破坏了。原本大禹是让位给伯益的，大家却拥护大禹的儿子启继承了他的位子。就这样，部落联盟也渐渐瓦解了。

夏朝——“公天下”到“家天下”

启接替了大禹的位子，建立了中国历史上的第一个朝代——夏朝。夏朝建立起父亲传位给儿子的制度，也就是世袭制。

●禅让制　　●世袭制

以前的共主是由各部落首领一起推选的，天下是大家的；现在的“君王”却是由儿子继承王位，大家的天下变成了君王家的天下。这么一来，很多人就不服气了，为了争夺天下的领导地位，常常发生战争。

不太平的夏朝还有一个最大的对手——东夷。东夷人凭借高超的箭术，一度打败夏朝，夺取了王位。夏朝人为了对付东夷，发明了能抵挡弓箭的皮甲，以及驾着马车作战的方式，才最终打败了东夷，夺回了天下。

夏朝延续了 400 多年，最终被东方一个叫作“商”的部落灭掉了。

商朝——在甲骨上刻字的朝代

商朝是由黄河中下游的商部落建立的，第一位帝王是商汤。

一开始，商朝的王族经常为了争夺王位而互斗，内乱不止。再加上黄河经常发生水灾，商朝都城被搬来搬去的，直到盘庚把都城搬到殷这个地方，才稳定下来。所以，后人也称商朝为殷商。

●商朝迁都

商朝最突出的两大特色是青铜器和甲骨文。

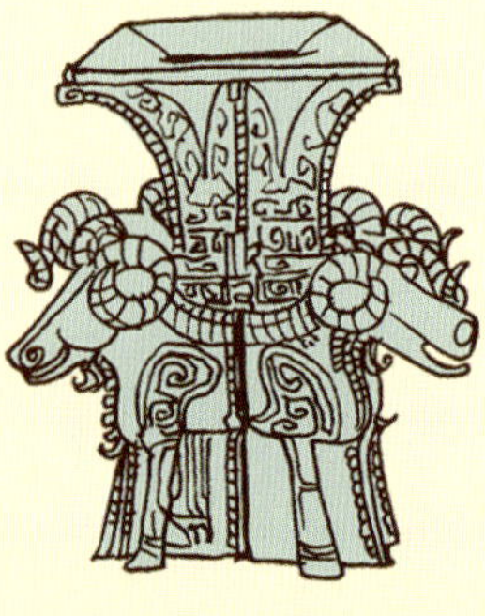

●四羊方尊

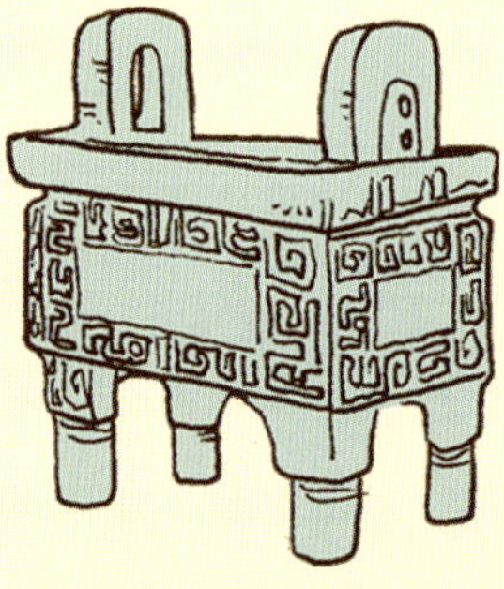

●后母戊鼎

青铜是铜和锡的合金，硬度很高，商朝的青铜制作技术高超，设计精美。

甲骨文是刻在龟甲和兽骨上的文字，用来记录占卜的内容和结果。商朝人迷信鬼神，大事小事都要问鬼神的意见，于是就有了最早的有系统的文字。

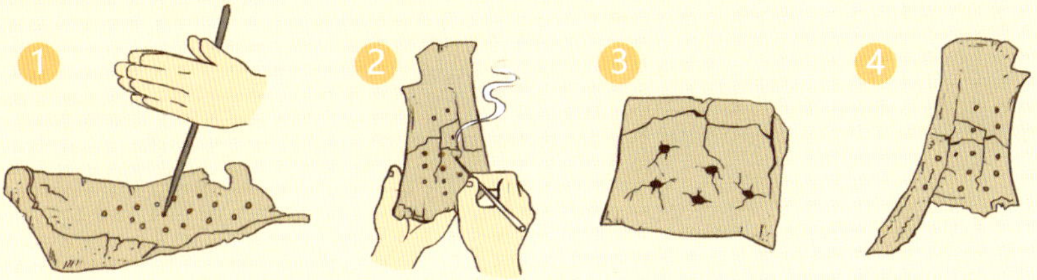

●占卜过程

●甲骨文

不仅如此，商朝人还会制陶、酿酒、养牲畜。东西多了，便出现了一批驾着牛车、拉着物品到处去卖的生意人。

所以，今天我们常说的“商人”“商业”“商店”，都和会做生意的商朝人分不开。商朝的钱币很特别，是贝壳。贝币是中国最早的货币。

商朝最后一个君王——纣王，残暴地对待自己的百姓，还喜欢对外发动战争，最后被周部落打败，商朝灭亡。

西周——用天下人来搭“金字塔”

周武王打败商纣王之后，建立了周朝。周朝是中国历史上寿命最长的朝代，延续了近 800 年，前半段叫作西周。

疆域大了，人口多了，管理起来就困难了。周朝用一个很好的办法解决了这一问题，规定王位只能传给王后生的大儿子，然后把国家分成许多小诸侯国，让其他儿子和功臣去那里做诸侯。诸侯有自己的土地、都城、大臣和军队，还可以对自己的儿子和大臣们进行封赏。

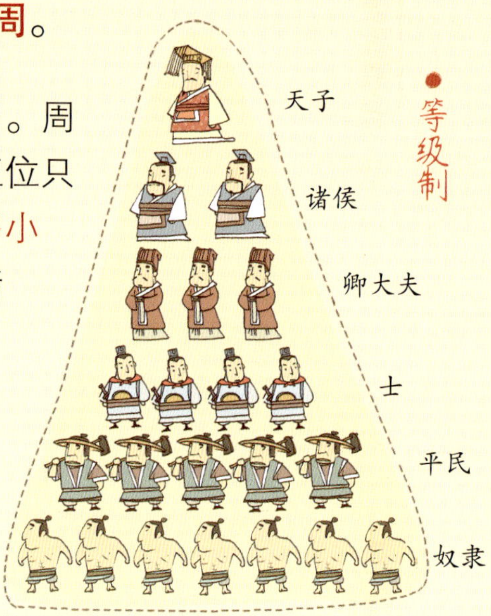

等级制

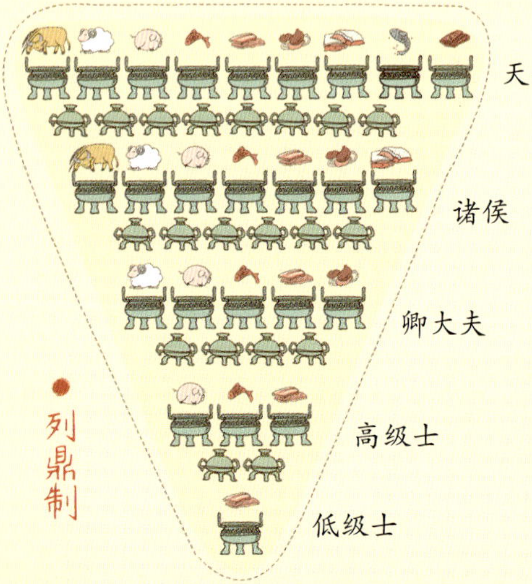

列鼎制

周朝统治者用这种不断分封的方式，把国家搭建成一个“金字塔”。有一个叫周公的人，给金字塔每一层的人都立了规矩。比如，天子要带头进行祭祀；诸侯要对天子绝对服从，替天子守卫疆土、出兵打仗，每年向天子进贡；卿大夫也得对诸侯进贡；士平时读书练武，打仗时要随时上战场拼命。

贵族要从小接受教育，学习礼、乐、射（射箭）、御（驾车）、书（文字）、数（算术），将来好为国家效力。下层的老百姓没机会上学，只能种田和为贵族服务。

●学乐器

●学驾车

●学射箭

西周的“金字塔”维持了 270 多年，直到有一天，旁边的游牧民族西戎闯进来狠狠闹了一场。从此，这个金字塔就摇摇欲坠了。

●周幽王烽火戏诸侯

春秋——诸侯争霸的擂台赛

周朝迁都洛邑（今洛阳）后的这一时期称为东周。东周分为两段，前半段叫作春秋。

春秋时，周天子的权势越来越弱小，诸侯变得越来越强大，有的甚至敢公然和周天子对抗。于是，周天子的地位渐渐下降了，诸侯则成了历史舞台上的主角。

●诸侯征战

为了争夺地盘，各个诸侯国之间战争不断，许多弱小的诸侯国相继被强大的诸侯国吞灭。到了春秋末期，100 多个诸侯国只剩下了三十几个。

而实力强大的诸侯国之间也有许多冲突。于是，整个春秋时期就是一场大型擂台赛，有实力的诸侯都想争夺中原霸主的地位。

●春秋五霸

在这场擂台赛中，有五个人相继做了霸主，分别是齐桓公、晋文公、楚庄王、吴王阖闾（hé lǘ）和越王勾践，他们被称为“春秋五霸”。

为了壮大实力，诸侯广招人才。知识分子们提出了各种思想和治国方案，形成许多不同的学说流派，比如以“仁”为主的儒家、主张依法治国的法家、遵循天道的道家和提倡“兼爱非攻”的墨家等。

●诸子百家

春秋乱世持续了将近300年，随着强大的晋国分裂成赵、魏、韩三国而结束。接替春秋的，则是另一个乱世。

战国——一个对付六个

春秋时期的晋国分裂成韩、赵、魏三国后，东周进入了后半段，这段时期叫作战国。

你听过“大鱼吃小鱼，小鱼吃虾米”这句俗语吧。战国开始后，大国像大鱼一样，把像小鱼的国家差不多都吃掉了，最后剩下七个强大的国家：齐、楚、燕、韩、赵、魏、秦，它们被称为“战国七雄”。

●战国七雄

●徙木立信

七国中没有哪一国能像吃掉小国一样轻易吞掉任何他国。这时，西边的秦国任用一个叫商鞅（yāng）的人进行改革，使得秦国国力大增。历史上把这次改革称作商鞅变法。秦国的崛起让其他六国非常忌惮。六国无法单独与秦国抗衡，只好结成同盟，这叫作合纵。

秦国也运用外交手段，去和六国分别结盟，这叫连横。六国的合纵盟约本来就是为了对抗秦国，可秦国主动向它们示好，六国渐渐就放松了警惕。没多久，六国的合纵被瓦解了。

破坏了合纵联盟，秦国立刻又转换外交策略，结交与秦国距离远的齐国和楚国，攻打紧邻的赵、魏、韩三国。这三国哪里抵挡得住，只好不断割让土地给秦国来换取和平。这么一来，秦国地盘越来越大，国力越来越强。

渐渐地，六国无力抵抗强大的秦国。公元前 221 年，秦王嬴（yíng）政灭掉了六国，统一天下，建立秦朝。

● 秦始皇建立秦朝

秦朝——崇尚“大”的短暂王朝

秦王嬴政统一六国，结束了春秋战国 500 多年的分裂局面，建立了一个大一统的王朝——秦朝。天下统一了，过去六国不同的制度就要改一改。以前战国七雄各有各的文字、钱币、长度单位和重量单位，现在全部统一了。

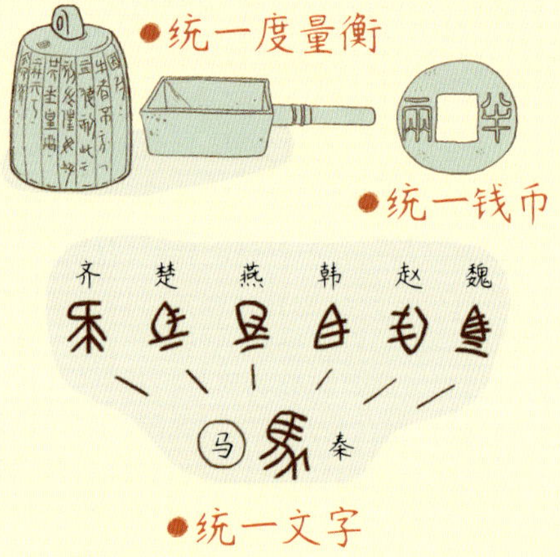

秦朝在各方面都追求“大”。

君王的称号要最大的。秦朝帝王的称号不用“王”，也不用“天子”，而是将上古“三皇五帝”的称号合并，统称为“皇帝”。

嬴政是中国历史上第一个使用皇帝称号的君主——始皇帝。他还规定了只有皇帝才可以自称“朕”。

皇帝的权力是最大的，宫殿是最大的——阿房宫，城墙是最大最长的——长城，修建的坟墓也是全世界最大的。这么多浩大的工程，是需要钱、需要人的，耗费的钱财不计其数，全国差不多一半的壮年男丁都被征用了。

●修筑长城

秦朝法律严苛，一人犯罪集体受罚，以此让百姓相互监视。如此严刑峻法，你说老百姓怎么受得了。很快，大规模的农民起义爆发了，秦朝很快衰落了，最终被刘邦和项羽率领的军队所灭。这个什么都要最大的王朝，结果变成寿命最短的王朝，仅仅存在了 14 年。

西汉——与其他文明交流的帝国

经过四年的楚汉之争，刘邦战胜项羽，建立了汉朝。为了与之后刘秀建立的汉朝区分，我们称刘邦建立的朝代为“西汉”。今天我们说的“汉族”“汉语”“汉字”，都和西汉这个王朝有关。

西汉北边有个强大的邻居——游牧民族匈奴，他们经常南下侵扰百姓。汉高祖刘邦率大军和匈奴打了一仗，结果险些丧命。自那以后，西汉和匈奴经常起冲突，将近300年间不断发生战争。

白登之围

为了对付匈奴，一个叫张骞的外交家奉命出使西域，联络西域诸国共同夹击匈奴。张骞用了十几年的时间，虽然出使没有成功，却意外地打通了一条通往中亚、欧洲的道路——丝绸之路。

张骞通西域

从此，西汉与中亚、欧洲各国开始频繁地交往、贸易。西汉的陶器、丝绸、绢布传往西方，而西方和中亚的许多东西也传了进来。葡萄、石榴、核桃、黄瓜……这些都是那时候从丝绸之路传进来的。

●丝绸

●石榴

●核桃

●葡萄

西汉还把儒家的思想作为治国之道，在长安设立了太学（相当于大学）招收学生学习，设置的科目几乎全是儒家的经典。从此以后，儒家思想的影响力越来越大，不仅后面的各朝代都用儒家思想治国，儒家文化还被传播到东亚的其他地区。

●太学讲学

●独尊儒术

东汉——皇帝成为受人摆布的傀儡

东汉是刘邦的后世子孙刘秀建立的，虽然不如西汉那么强盛，但做到了一件西汉不曾做到的事：解除了匈奴威胁，不再受匈奴侵扰。

解除了匈奴威胁，外面的麻烦暂时没有了，可是内部又麻烦不断。

东汉中后期，大多数皇帝都是年幼即位。皇帝太小，无法处理国家大事，只能依靠自己的母亲——太后。而太后又把朝廷大权交给自己的娘家人把持，造成外戚干政，皇帝逐渐不被放在眼里。

皇帝长大后，想重新夺权，只能借助身边宦官们的力量对抗外戚。如此一来，外戚和宦官两大集团开始斗来斗去，把整个东汉王朝弄得纷乱不安。

东汉虽然政局纷乱，却也出现了不少了不起的发明。

四大发明之一的造纸术，就是东汉时改进的；名医华佗发明的麻沸散，据说是最早的麻药；医圣张仲景，打下了中医医术的基础。

●造纸过程

朝廷忙着内斗，朝廷外民不聊生，于是爆发了黄巾起义。很多地方官员借着镇压黄巾军的名义，各自壮大实力，成为军阀。最后，皇帝被军阀控制，成了傀儡。

●黄巾起义

三国——三大势力争雄

经过东汉末年的混战，最后只剩下曹魏、东吴和蜀汉三个政权之间相互争夺。这段历史叫作三国。

曹操的儿子曹丕废掉东汉末代皇帝汉献帝，建立“魏”。魏、蜀、吴三国瓜分天下，形成了三国鼎立的局面。

●三国鼎立

●挟天子以令诸侯

曹魏是三国中实力最强的；处于江东的孙吴，由孙权家族领导；西南的蜀汉，由诸葛亮辅佐刘备。孙吴和蜀汉的实力相对比较弱，只好结成同盟，共同对抗曹魏。

你玩过扑克牌游戏“斗地主”吧。三国就好比一场斗地主的游戏。实力强悍的魏国是地主，吴国和蜀国是两个农民，农民只有一起合作才能保证不被地主打败。这场游戏僵持了好多年。

后来，曹魏的政权渐渐被司马父子夺取，吴蜀联盟也为了各自的利益分道扬镳（biāo）。于是，三国这场游戏不再平衡。蜀汉、孙吴原本靠着天然地形与曹魏对抗，但还是被先后消灭了。

明代文学家罗贯中，把三国这段纷乱的历史写成小说《三国演义》，这也是中国古代四大名著之一。

西晋——当官的永远当官，百姓永远做百姓

西晋建立

西晋结束了三国鼎立的局面，重新统一天下。歇后语“司马昭之心，路人皆知”说的是司马昭想取代曹魏的野心非常明显。西晋的建立者就是司马昭的儿子司马炎。

士族炫富

司马炎还用曹魏的“九品中正制”来选拔官员：依据家世、德行、才能来打分。负责打分的都来自大家族，当然会偏袒自己人。

于是，家世出身渐渐成为是否能当官的唯一标准，以致于士族世代都能做官的士族，有才华却出身寒微的庶民，则无法当官。

西晋的皇帝也越来越糊涂，尤其是晋惠帝。有一年，各地饥荒，饿死了好多人，晋惠帝询问原因，大臣说老百姓连米糠都没的吃，所以饿死了。你猜糊涂的晋惠帝怎么说？他说：“既然没米糠吃，怎么不吃肉粥呢？”

朝政黑暗，皇帝又很昏庸无能，一些有实力的地方藩王就想取而代之。为了争夺皇位，先后有8个藩王参与皇权的争夺，这场闹剧持续了16年，历史上叫作“八王之乱”。

西晋发生内乱，周围的游牧民族趁机壮大，在北方到处抢掠，天下乱成一锅粥。北方的大批士族、百姓纷纷南逃，西晋灭亡。

东晋——南方、北方都很乱

五胡把北方搞得大乱时，很多西晋士族纷纷南迁，其中西晋的宗室司马睿，在建康（今南京）重新建晋，史称东晋。

●东晋建立

这段历史可以用一个字来形容，那就是“乱”。原本西晋的士族制度在东晋更加盛行。司马睿因为得到当地士族支持，才登上皇位。很多士族的势力非常强大，甚至能左右朝廷。

东晋虽然出过几个优秀的将领，有能力率军北伐，但朝廷怕他们因此权力过大，所以不但不给予支持，反而加以阻挠。

●坞堡

此时的北方更混乱。不同民族建立的国家间经常开战，没有哪个能一统北方。而留在北方的汉人，为了在战乱中自保，修建起庞大的坞（wù）堡。人们在坞堡中生活，共同抗敌。

南方的东晋、北方的十六国各有各的内部问题需要解决。东晋习惯了南方富庶的日子，就不想再打回去。北方各个政权忙着互相打仗，也没空往南发展。

东晋灭亡

混乱的东晋和十六国持续了 100 多年。后来东晋的刘裕建立“宋”取代东晋，鲜卑族人建立“北魏”统一了北方。

南北朝——南北之间的较量

刘裕建立的刘宋取代了东晋，随后鲜卑族建立的北魏统一了北方。从此，历史进入了南北对峙的阶段，这个阶段叫作南北朝。南朝经历了宋、齐、梁、陈四个朝代；北朝经历了北魏、东魏和西魏、北齐和北周三个阶段。

南朝的世家大族虽然富贵，但已经不像东晋时那么有影响力了。少了士族的干预，朝廷本应可以认真建设，偏偏手握军权的将领开始频繁起兵。南朝的第一个政权宋，就是由手握军权的刘裕取代东晋建立的。后来的将领纷纷效仿他，一个个凭借军权篡位自立。南齐、南梁、南陈都是这么建立起来的。

北朝统治者也不省心。北魏是由鲜卑族建立的，无法忍受差别待遇的汉族人被迫不断地起义反抗。

后来，北魏孝文帝进行改革，让鲜卑族人学习汉族文化，带头改穿汉族人的服装，说汉语，还把自己的鲜卑姓“拓跋（tuò bá）”改成了汉姓“元”。没想到，这些政策造成了北魏内部两大集团的对立，北魏分裂成东魏、西魏。后来，东魏和西魏又分别被北齐和北周取代。

所以，不管南朝还是北朝，家家都有本难念的经啊！南北朝对峙了 160 多年，最后被出身于北周的杨坚所终结。

隋朝——父亲节俭，儿子折腾

隋朝的建立者叫杨坚，历史上称他为隋文帝。隋朝结束了自西晋以来 300 多年的分裂局面。

隋文帝是个节俭的人，衣服穿破了补，补了再穿，还要求官员、百姓学会节俭。隋文帝还颁布法律严惩贪污，发现有官员贪污受贿就立刻判罪。隋文帝把国家治理得很好，却没有教导好儿子。他的继任者隋炀（yáng）帝不像父亲这般节俭，反而是个穷奢极欲、好大喜功的折腾皇帝。

隋炀帝即位后，用心地干了一段时间，不仅国家越来越富，还打败了强大的突厥（jué）。这一来，隋炀帝就骄傲起来了。他在各地建了很多大宫殿，建好了却不怎么住，反而到处游玩，尤其喜欢去江南。传说为了方便下江南，他征用了 100 多万人，修建了纵贯南北的大运河。

开凿大运河

除了游玩，隋炀帝还数次出兵征讨高句（gōu）丽（lí），结果都吃了败仗。最惨的一次，出兵30多万人，结果只逃回来2000多人。可他还是不吸取教训，转而去打北方更强大的突厥。不出意外，又被打败了。

国家被隋炀帝搞得一塌糊涂，百姓纷纷起义，隋炀帝也被自己的一个部下杀死。隋朝很快就灭亡了。

唐朝——把敌人变成朋友

隋末大乱，太原起兵的李渊最后取得胜利，建立了唐朝。

刚开始，唐朝周边有很多敌人。突厥、回鹘 (hú)、吐蕃 (bō) 都对唐朝虎视眈眈。不过，唐朝靠着强盛的武力，把他们全都打败了。

能打胜仗没什么了不起的，难得的是唐朝对待这些敌人的态度。

● 文成公主入藏

历史上的中原王朝总是瞧不起游牧部落，认为他们野蛮、没文化，叫他们“胡人”。可是，唐朝把“胡人”视为自己的子民，安顿他们的生活，让他们来唐朝做官，甚至把公主嫁过去以示友好。唐朝实力强大，再加上这种气度，周围的敌人一下子都臣服了，都愿意听从唐朝的管理。

本来是敌人，现在全变成了朋友。这些朋友纷纷跑到唐朝来。

在当时的都城长安（今西安）的街道上，能看到来自各地的人，有突厥人、日本人、波斯人和阿拉伯人，还有非洲人……长安成了当时的国际大都市。

●突厥士兵

●遣唐使

●大食人

和邻居成了朋友，唐朝就不需要修长城来防御外敌了。可是，唐朝的内部出现了问题。唐朝疆域辽阔，所以划分了很多藩镇，派节度使管理。到了后期，藩镇的势力越来越大，最终酿成了唐末大乱。

●安史之乱

五代十国——军阀抢着当皇帝

唐朝之后，中国又进入一个大乱的时代。中原先后出现了后梁、后唐、后晋、后汉、后周五个朝代，合称“五代”。围绕在四周还建立了十个小政权，合称“十国”。这段历史叫作“五代十国”。

原本唐朝的藩镇军阀，在唐衰弱后渐渐不受控制。北方实力强大的军阀，一个个抢着在中原当皇帝。

南方各藩镇实力差不多，谁也灭不了谁，干脆就在自己的地盘上都当皇帝。五代十国跟从前的南北朝很像，政局也一样混乱。

只要军队强大，就能当皇帝。于是，各国为了增强自己的军事实力，几乎强迫所有的男丁去当兵，还在士兵的脸上刺字做记号，防止士兵逃跑。

在大伙儿忙着当皇帝的时候，北方的契丹、西北的党项族、西南的大理也渐渐发展壮大。最后，北方重要的燕云十六州被契丹占领，这对后来的历史产生了巨大的影响。

北宋——花钱买和平的富庶朝代

五代十国末期，原为后周将领的赵匡（kuāng）胤（yìn）建立了一个新的王朝“宋”，历史上把这个朝代叫作“北宋”。经过南征北伐，赵匡胤的弟弟赵光义统一中原，结束了70多年的乱世纷争。

北宋建立没多久，就对辽国发起战争，为的是夺回五代十国时被后晋割让给辽国的燕云十六州。结果北宋吃了个大败仗。

从此，宋辽经常交战，北宋败多胜少。最后双方签订了停战协定，条件是北宋每年送给辽白银10万两、绢20万匹。

宋辽交战

和辽国的战事刚停，西北的西夏又和北宋打了几仗，宋朝同样吃了败仗。没办法，北宋又每年送给西夏白银5万两、绢13万匹、茶2万斤，用钱财换取和平。

别看北宋打仗不行，但经济很强，很有钱，是相当富庶的朝代。

北宋的都城汴（biàn）京（今开封）是当时世界上最繁华的都市之一。除了经济，北宋的科技也领先世界。中国古代四大发明中，黑火药、罗盘指南针和活字印刷术都是在北宋发明或发展推广的。

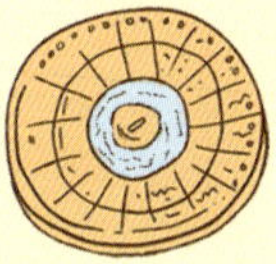

●水罗盘

●震天雷

●黑火药

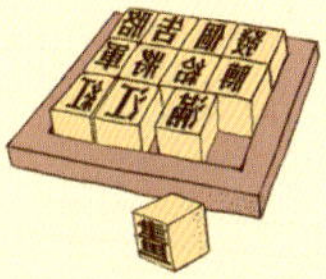

●活字印刷术

后来，北方女真族建立的金国强大起来，北宋联合金国灭辽。

辽国一灭，金国就撕破脸打上门，不仅跑到汴京大肆抢掠一番，还顺手掳走了宋徽宗、宋钦宗两个皇帝。憋屈了将近200年的北宋，最终被金国灭掉了。

南宋——长使英雄泪满襟

北宋被灭后，宋徽宗的儿子赵构在江南建立新的朝廷，为了与之前的北宋有所区别，历史上称之为南宋。宋高宗赵构是南宋的第一个皇帝。

●岳飞抗金

与北宋相比，南宋起初很重视军事。当时有不少名将积极北伐，尤其是岳飞，他率领的岳家军收复了很多失地。南宋本来有机会一鼓作气收复中原，但宋高宗变卦了。

他担心若岳飞真的打败了金国，把被金国俘虏去的父亲和哥哥两个皇帝接回来，自己就无法当皇帝了。于是趁

着岳飞打了胜仗，宋高宗主动与金国议和，还在丞相秦桧（huì）的诬陷下，以“莫须有”的罪名处死了岳飞。

此后，南宋又像北宋一样，以钱财换取和平。但是，宋金依然不断发生战争。南宋往往能取得胜利，却又怕战争扩大，所以多次议和。朝廷反复发动战争，又主动议和，让像岳飞这样有气节、有志于收复失地的英雄无法施展身手，就像唐代杜甫的诗所言：“出师未捷身先死，长使英雄泪满襟。”

后来，生活在蒙古高原的蒙古族强大起来，南宋与蒙古一起灭掉了金国。然而，蒙古的实力远比金国强大。偏安南方、延续了150多年的南宋，终被元朝所灭。

元朝——马背上的大帝国

1271 年，蒙古人忽必烈建立了元朝。8 年后，元朝灭掉了南宋。

其实，铁木真统一蒙古后，他和他的子孙就开始不断对外扩张。这个习惯骑马打仗的民族，很快打败了金国、西夏、大理、吐蕃，然后西征，从中亚一直打到欧洲，所到之处无往不胜，建立了一个从古至今最大的蒙古帝国。

元朝的国号叫“大元”，它的疆域面积的确很大，不仅青藏高原，连北边的蒙古、西伯利亚也都是元朝的疆土。

帝国大，民族也多，因为各自的文化和信仰不同，管理起来非常困难。于是，统治者施行了许多不平等待遇，比如把人分成四个等级。

蒙古人当然是一等人；色目人（其他三类以外的所有人）是二等人；消灭南宋前征服的汉人是三等人；原来南宋的人则是最低的四等人。等级不同待遇不同，四等人若杀了一等人，要偿命，但一等人杀了四等人，只要赔一头毛驴的钱就行了。

元朝的统治者还想出各种名目剥削百姓，百姓忍无可忍，最底层的农民爆发了起义，而元朝士兵早就习惯了安逸的生活，战斗力不复当年。就这样，元朝的统治被推翻了。

明朝——皇帝从劳模变成懒鬼

农民起义出身的朱元璋推翻了元朝，建立了明朝。

朱元璋是个疑心很重、铁石心肠的皇帝。他设立了一个叫“锦衣卫”的特务机构，让锦衣卫去侦察和监视官员的言行，连官员跟什么人来往，都要打听得一清二楚。

锦衣卫

这么一来，大权全集中在皇帝手中，不管什么公文全都要由他亲自批阅。皇帝每天工作很辛苦，好在朱元璋出身穷苦，堪称劳模皇帝，因此明朝一开始运作得还不错。

明成祖时，开始实行“内阁制”，选一些优秀的官员组成内阁，让他们帮助皇帝处理国事。

内阁制

内阁大臣们先提出一个意见，写好后给皇帝看，皇帝再用红笔在上面批示。这么一来，皇帝只需批红，能减轻不少负担。

后来，皇帝越来越懒，只想玩，连批红都嫌麻烦，干脆让自己最信任的太监帮他批红。这样一来，太监的权力越来越大，经常胡作非为。

阉党乱政

于是，太监和内阁官员常常发生矛盾。明朝越来越乱，最后亡于农民起义。

崇祯自缢

清朝——最后一个封建王朝

农民起义军推翻了明朝，最后却是女真族（后称满族）统一了政权，中国进入最后一个封建王朝——清朝。

清朝打败农民起义军，入主中原后干了好多荒唐事，比如剃发令。由于满族男人的传统发式是剃掉头发，留一条辫子，而汉族人不愿意服从，所以清朝就强令汉族人剃发留辫，还下了口令“留头不留发，留发不留头”。

●剃发易服

渐渐地，清朝的江山稳固了，国家也渐渐强盛起来。尤其是经过康熙、雍正和乾隆3位皇帝的治理，清朝的发展达到鼎盛。

西方国家尝试与清朝进行贸易交流，但清朝认为自己的一切都是最好的，不愿与西方国家来往。

西方科技发展迅速，很快，清朝就远远落后于西方列国了，而西方列国对清朝垂涎已久。终于，为了倾销鸦片，英国对清朝发动战争。清朝用刀枪弓箭对抗西方的火炮洋枪，不用说，败得一塌糊涂，赔了钱割了地才算了事。

之后，清朝不断地遭受列强入侵，签订不平等条约，付出金钱、土地、主权等惨痛代价。最后，辛亥革命爆发，推翻了清朝的统治。从此，中国历史翻开了新的一页。